아침달 시집

햇빛 속에 호랑이

최정례

시인의 말

잊어버리고 있었던
오래전의 나를
문득 들여다본다.
햇빛 속에 호랑이와
나무 속으로 밀어 넣었던 나
저녁 문 앞에 몰려와 다그치던 이미지들을,
그것들은 지금의 나보다 어리고 명료하다.
반은 믿고 반은 믿지 못했던
시의 힘.
이제는 믿는다.
시는 무상하지 않다.

2019년 11월
최정례

차례

1부
시간

드디어	13
방	14
어처구니없는 구름	15
나뭇잎에서 나뭇잎으로	16
저녁에 잡혀 온 도둑	18
지락와도	20
거울 속에 거울 거울 거울	21
낮달	23
능소화가 있는 마을	24
끝 장면	25
어떻게 왔을까	26
북소리	27
옛집 앞을	29

2부
혹은 죽음

마당을 덮어가는 그림자	33
약국을 지나다	34
산벚꽃나무하고 여자 그림자하고	36
창	38
저 햇빛 삼천갑자를 흘러	40
길이 움푹 파이다	42
그 나무 뒤	43
티티카카, 티티카카, 서울	44
봄 소나기	46
사막 편지	47
공룡 발자국을 보러 갔다	48
고기 사러 갔던 길	50
냄새	52
안 돌아온 여행	54

3부
또는 노동

밥 먹었느냐고   59

햇빛 속에 호랑이   60

비 맞는 전문가   62

자고새   64

3분 자동 세차장에서   65

누운 시인   66

눈   67

자개장롱 속으로   68

자전거가 있었다   70

무쏘 앞에 흩어진 사과 장수   72

말   74

쥐똥나무는 쥐똥나무 열매를 매단다   76

4부
사랑

돌멩이가 나를 쥐고	81
끈	82
유리 닦는 남자	84
꽃 핀 복숭나무에게	86
그 모자	88
수박에게	90
없는 나무	91
풍선 장수가 있던 사거리	93
금새를 잡은 벼룩의 행복한 손	95
돌멩이 어떻게 새가 됐을까	96
천사	97

해설
어른거리는 이미지, 주체의 자맥질 – 이수명　101

1부

시간

드디어

그를 나무 속으로
밀어 넣어버렸다
나무가 둥글게 부풀었다
바람이 부니
느낌표가 되었다가
물음표가 되었다가
흔들렸다

아주 멀리
나도 이제 여행을 간다
쏙
나무 속으로 들어가
아무것도 아닌 표정으로
손바닥 내밀고
아니야 아니야
흔들리는 것이다

방

　그 방 앞에는 창을 가리는 커다란 나무가 있다 새벽이면 그 나무에 천 마리의 새가 날아와 지저귄다 시냇물의 소용돌이처럼 나무가 운다 나뭇잎 하나하나 새가 되어 뒤흔든다 창문 하나를 달래보겠다고 나무는 제 잎을 다 떨군다

　그 방 안에는 죽음 같은 잠을 자는 이가 있다 제 몸에 시간을 쌓아두는 이가 있다 그이는 창 앞에 나무가 와 섰는 줄을 모른다 그이는 나무가 우는 소리를 못 듣는다 세상에는 가슴속 불꽃을 재우려다 아주 재가 되어버린 이가 있다 그 방에 그이가 누워 있다

어처구니없는 구름

늙은 구름이 여기저기 흘러 다닌다

이 시간은 세탁소집 남자가
세탁 세탁 외치며 지나가야 한다
하수구마다 거품들은 있는 힘을 다해
쏟아져야 한다

아무것도 하지 않는 구름

이모부가 죽었다
구정 때 애들에게 준 세뱃돈을
주머니에 넣고 다니다
반찬을 샀던가
다 써버렸다
전봇대에 올라
사방 천지로 가는 전깃줄을 잇던
전기공이었다

바보 같은 구름

나뭇잎에서 나뭇잎으로

기차가 지나가 창마다 단풍잎 같은 꽃불을 매달고 기차가, 거기 가방을 들고 서 있었는데

노란 장다리꽃이 흔들림을 멈추지 못해 한쪽 다리를 다친 오리는 아픈 제 다리를 못 잊고 뒤뚱거려

어디로 갈지 몰라 우두커니 서 있던 적이 있었어 기차가 다 지나가고 기적처럼 한 생이 후딱 지나갔나 봐

개천가 때 절은 아이들 미꾸라지를 잡아 오리에게 던져줘 한 마리 두 마리 세 마리 몸부림치며 오리목을 넘어가는 미꾸라지

내가 알던 얼굴들 다 사라지고 몸을 잃은 내가 반딧불보다 작아져서 허공을 흘러 다녀 저 소리 기차가

잠든 후에까지 지붕 위를 밟고 가던 소리 역전 홍익 매점에서 주전자에 얻어오다 찔끔 엎질러지던 우동 국물

기차의 불꽃은 바퀴 소리를 끌고 가 작아진 나는 몸이 없어 나를 담을 몸이 없어 바라만 보고 서 있어

골목 끝집 짱구네 마당에 맨 그네를 타고 하늘 끝까지 날아

가는 아이 날아가버리는 하늘색 접시 치마

　저것들 보여? 나뭇잎 손톱보다도 더 작은 나뭇잎 접시만 하게 커지면 그들 기억할까 작고 작았던 저를 가지 속에 형태 없이 살았던 때를

저녁에 잡혀 온 도둑

그때 우리 집 전 재산은
잘 닦은 놋대야와
아버지의 검은 구두 한 켤레

군복을 염색해 입은
청년이 수갑이 채워진 채 끌려와
고개를 수그리고 있었다

순경이 다그쳤다
— 이 집이지?
— 바로 여기서 훔쳤지?

그의 짙은 검은 눈썹 같은 어둠이
수십 년이 지난 지금
갑자기
저문 내 저녁 문 앞에
몰려와 다그친다

나는 밝은 날 다 흘려버리고
막다른 골목 같은 저녁이
막막해서
그저 네 네

고개를 끄덕인다

정말 나는
검은 잠바를 입고 온 그, 저녁에게
빛나는 놋대야와 검은 구두 한 켤레를
내어줄 수나 있는 것인지

지락와도 ↵

 어느 눈 시린 아침이던가 나귀를 보내셨지요 거기 조그만 연못가 소나무 두어 그루 버드나무 서너 그루 세워두셨지요

 서쪽으로 가 물으면 동쪽으로 가라 하고 동쪽으로 가 물으면 서쪽으로 가라더군요

 봄 안개를 펼쳐놓으시고 연못가 수양버들 처녀 아이처럼 세워두고 한 아이가 되어 물었던가요 고개를 끄덕이셨던가요

 얼마나 먼 길이었던지 청동거울 속의 바닷길 수수만년 전 떠난 별빛이 이제 와 닿듯이

 나귀가 내 눈 속으로 들어와 흙 묻은 발을 툭툭 털었어요

 낮은 지붕들 덜컹이는 문짝들 불 꺼진 창의 아득한 골목을 내 앞에 부려놓고

 다시 기울었어요 흰 달을 띄운 낮이 어스름 펼치는 저녁이 셀 수도 없이 지나쳤어요

↵ 知樂窩圖: 표암 강세황의 그림. 知樂窩는 해주 정씨의 종가로 경기도 남양주군 진건면 사릉리에 있었다고 함.

거울 속에 거울 거울 거울

이마 위로는 산이 보이고
산 위에는 창문처럼
작은 밭이 있었던가
그랬던가
정거장 끝으로 헐벗은 나무들 늘어섰던가
그때도
애를 업고 섰었던가
빈손의 추운 남자들 대어大魚의 살 다
뜯긴 채
뼈만 끌고 돌아오는 곳
거울 속에 거울 속에 거울 속에 거울 속에
갇힌 것처럼
다른 생의
언젠가 아득한 곳에서도
이런 똑같은 풍경 속에 잠겨 있었던가
쓸데없이
지나간 시간들을 내 몸에 쌓아두고
차들이 내 앞으로 흘러 흘러
가고
업힌 아이 울다 잠든 지 오래고
오래고 오래전이라서
뚜렷하진 않지만

그때도 바람이 불었던가
바람이
내 얼굴 한쪽을 때리면
내 몸에서 삭은 종이 부서져
가라앉는 소리 났던가
새들
추워 눈 못 뜨고
깜깜한 곳으로 아득하게
날아 날아 오르려고
울면서

낮달

아이가 달과자를 먹고 있다
바지직 소리를 내며
달과자가 금세 그믐이 된다

내 속에서 나온 애
그 애 속에 또 그 애의 딸
그 속에 더 작은 그 애의 딸이 보인다
오랜 후에 그 애들이
달과자를 먹으며 다시 그믐을 만들 때
난 반디만큼 작아져서 날아다닌다
내 귀 닮을 그 애의 귀 속에서
바지직 소리를 듣고 있는다

낮달이 꼭 흰 바구니 같다
꽃잎 부스러기라도 담아야지
주워 올리는데
어디다 흘리는지 하나도 담겨지지 않는다

꽃나무의 꽃들
어떡하나 걸을 수가 없어서
어떻게 가나

능소화가 있는 마을

눈먼 물고기로 살았습니다 지느러미를 떼내고 바위 그늘에 숨어 오래 앓은 적이 있었습니다 그래 이런 부신 날에는 맑은 눈물이 솟고 가슴 한쪽이 뻐근해지는 것입니다

마을 이름은 왕궁리입니다 돌탑의 깊은 그늘이 능소화를 피워 올립니다 살찐 닭이 뒤뚱거리며 그늘을 뒤지고 매미 소리 폭포처럼 쏟아져 또 깊은 잠에 빠져듭니다 무너진 돌무더기의 마을 작은 문

능소화가 하늘 끝까지 뻗쳐오르고 금빛 꽃송이마다 나팔 소리 잔잔히 울려 퍼졌습니다 왕궁에는 왕이 살았고 왕비가 살았고 시녀들의 긴 옷자락 끄는 소리 깊은 그늘을 덮을 때 그때

캄캄한 바위 절벽 아래서 나는 다 듣고 있었습니다 먼눈으로 가만히 눈물 흘려버리고 나중에 나중에 이 어둠 흘러가 하늘에 닿을 때쯤 저 나팔 소리처럼 피어나는 환한 꽃을 보리라 보리라 꿈꾼 적이 있었습니다

끝 장면

　한참을 걷다가 집 한 채를 만났습니다 울타리 가득 붉은 꽃을 피우고 있었습니다 불타는 거 같앴습니다 울타리 너머로 두 남자가 보였습니다 하나는 아이고 하나는 기억나지 않습니다 장독대 옆에도 칸난가 다알리아가 붉은 꽃대를 세우고 있었습니다 꽃을 좀 줄 수 있냐고 했습니다 안 된다 했습니다 두말 않고 돌아서 걸었습니다 갑자기 바람이 한 줄 불더니 나뭇잎들 쏟아지고 벌판이 삽시간에 잿빛으로 변했습니다 오래 걸었습니다 아이가 달려오며 부르는 소리 들은 것도 같습니다 꽃을 내미는 것도 같았습니다 받지 않았습니다 왜 그랬는지 모릅니다 뒤돌아 안 보려고 안간힘을 썼습니다 돌아본 듯도 합니다 그 집은 온데간데없었습니다 아니 착각인지도 모릅니다 돌아보지 않았습니다 오래전의 꿈입니다 무슨 뜻일까 무슨 뜻일까 수년을 생각했습니다 어디 먼 다른 생의 알 수 없는 끝 장면이 내 몸에 찍혀버린 건 아닐까 하는 생각도 들었습니다 그 후로 길은 길이란 길은 다 멀고 캄캄했습니다

어떻게 왔을까

바다에 모인 물은 모두 강물이었지
강에 모인 물은 다 냇물이었고
세상의 모든 울음소리를 지나
바다에 가득 출렁이는 물

당신 아이 눈 속에 출렁이는 바다

어떻게 왔을까

당신 몸속을 흐르는
천 갈래 만 갈래의 길
발가락 복숭뼈 눈썹 귀 끝의 솜털까지
다 거쳐서 온 길

인류가 있었다는 오십만 년 전부터
만 명의 어머니와 만 명의 아버지들
그들 숨죽인 울음을 품고
가만가만 흘러온 길

아버지의 어머니의 아버지의 어머니의
층계를 거슬러 흐르는 물소리
당신 아이 눈 속에 출렁이는 바다

북소리

두근두근 눈이 내려
숨 쉬듯 뛰는 눈의 맥박이
내 잠의 귀를 열고 들어와
엉킨 안개의 길을 뚫고
눈이
말이
아득한 하늘 강 건너
셀 수 없어
하나씩 애기 병사들 태운 것들
다리 꼬리 머리 감춘 몽고 병사들
털 뭉치들이
제 몸을 감추고
뛰어내리고 있어
내리다 사라지며
눈 비비며 울고 있어
저것 봐
금방 진창이 되는
발자국 검은 길바닥
짓뭉개진 그들이 가고 있어
녹슨 청동기 철기 시대 향해
쓰러지며
일송정 푸른 솔은 늙어 늙어의

어디쯤으로
발자국을 북소리를
품고서

옛집 앞을

그 집은 장롱을 안고 있다
장롱은 외투를 외투는 나를 안고 있다

덜컹거리며 흘러간다
길가에 나무들 서서히 달아나고
욕설을 퍼붓듯 새들이 날아간다

아무것도 모르고
지하에서 용암은 끓고 있다
짐승들은 교미하고
씨앗은 갑자기 썩는다

홍수가 나고 붉은 시간의 흙탕
위를 떠다닌다
장롱 속에 외투 속에 두통 속에

바로 내가
붙잡을 수 없는 덫이었다

두통이 나를 팽개친다
외투가 장롱을 부숴버린다
장롱이 그 집을 저버린다

낯선 옛집 앞을 유령처럼 흘러간다
잊어버린 봄이 신맛처럼 지나간다

2부

혹은 죽음

마당을 덮어가는 그림자

길모퉁이로 한 남자가 사라진다

어디서 아이 우는 소리 들린다
아이는 울다 그치고
울다 그치고
이제 다시는 울지 않는다

잠깐 꿈을 꾸었다 아파트의 벽을 따라 추락하고 있었다 벽 위에 창문이 눈앞을 스쳐갔다 전속력을 다하여 백 개 천 개쯤의 창문이 지나가고 있었다 아는 얼굴이 있었다 그들의 이름을 불렀다 소리가 되어주지 않았다 두꺼운 허공 뒤로 빠져들고 있었다 일 분 동안에 십수 년이 흘러가고 있었다.

빠르게

약국을 지나다

왜 여기를 지나는지
왜 저 붉은 알약들을 바라보았는지
모른다

몇 년 몇 월 며칠 몇 시 몇 분이었는지
한 움큼 알약을 털어 넣고
먼 사이렌 소리를 듣던 게

예리한 칼 같은 것에 살을 베이면
베이는 순간은 통증을 모른다

늦게 불이 켜진 약국을 지난다
약병 속에는 이상한 이름의 성분들
그들이 지녔던 깨알 같은 희망도
죽어 정리되어 있으리라

무엇이라고 했던가
이름은 생각나지 않는다

흰 가운을 입은 남자가
지나가는 것들을 내다보고 있었다
약병들은 참 나란히도 정리되어 있었다

한참 후에야 쓰라림과 욱신거림은 온다

약국의 셔터가 내려질 시간이다

산벚꽃나무하고 여자 그림자하고

그는 산벚꽃나무와 여자 그림자 하나
데리고 살지요
그는 돈도 없고 처자도 없고 집도 없고
그는 늙었지요
바위 구멍 굴딱지 같은 곳에서 기어 나와
한참을 앉아 있지요
서성거리지요
산벚꽃나무 기운 없이 늘어진 걸 보니
봄이 왔지요
냄비를 부시다 말고
앓아누운 여자 그림자를 안아다
양지쪽에 눕히고
햇빛을 깔고 햇빛을 덮어주고
종잇장같이 얇은 그녀도 하얗게 늙어가지요
산벚꽃나무 장님처녀 눈곱 달 듯
한두 송이 꽃 매달지요
그녀의 이마가 그녀의 볼이 따뜻하지요
아니 차디차지요
이 봄은 믿을 수가 없지요
그녀를 눕혔던 자리 아지랑이 피어오르고
그녀가 천천히 날아가지요
산벚꽃나무 너무 늙어 겨우 꽃잎

두 장 매달았다 떨구지요
또 봄은 가지요
그녀는 세상에 없는 여자고
그래도 그는 그렇게밖에 살 수 없지요
산벚꽃나무하고 여자 그림자하고

창

저건 포플러나무다
아니 저건 나귀의 두 귀다
저건 잎 진 포플러 두 그루다
아니 분명 늙은 나귀의 두 귀다

핏빛 노을은 다 지나갔다
그는 유리창에 매달려 중얼댄다

유리창엔 늙은 나귀가 와 섰다

아득히 멀다
안개 속을
짐을
산처럼 잔뜩 싣고
저 허약한 바퀴로
어떻게 헤쳐가나

유리창 속으로
그는 달아나려 한다
너무 오래 갇혀 있었다
딱딱한 어둠을 뚫고 뛴다 뛴다

어둠 속에 포플러나무
진저리를 치고 날아오른다

오, 날아오르지 못한다
사각의 유리창에 갇힌
나귀, 어리석은 두 귀

저건 포플러나무가 아니다
팽개쳐 일그러진 두 바퀴
소리치는 몸뚱이
저건 저건 내리치는 검은 칼

저 햇빛 삼천갑자를 흘러

봄날 햇빛 따라갔어 나무 그림자 따라갔어 멀리서 달려온 것 아득하게 지나가는 것에게 백천만 번 절했어 꽃을 바치며 절했어

삼천갑자 동방삭이 살았어 짐승 가죽을 걸치고 숲속을 헤매 다닌 훨씬 전에 살았어 염라대왕 동방삭을 잡으려고 삼천갑자를 헤매

모래처럼 잠들었어 모래처럼 깨어났어 울었어 웃었어 천 가지 구름꽃 만다라꽃 만수사꽃 흘러온 곳 언제인지 어디서부터인지 물었어

탄천이 깜깜해지도록 염라대왕 숯을 빨아 웬 미친 늙은이냐고 삼천대천 세상 것 모여 구름처럼 비처럼 내려

저녁연기 따라갔어 불빛 끌고 날아가는 새가 있어 작은 돌에게 물었어 죽은 나뭇가지 중얼거렸어

삼천갑자 동방삭이 탄천에 내려 그간 수에 속을까 보냐 돌이 되었어 폭우가 되었어 거품이 되었어 춤췄어

햇빛 속 나무 꼭대기 한량없는 이 몇 겁을 살아 춤춰 윤회하

고 있어 홍해 바다 가득 구름바다 가득 우글거리고 있어

    검은 물이 흘러 탄천은 흐를수록 깜깜해져 하루가 가고 또 하루가 시들어가 무성한 그의 숲을 헤쳐나가 저 햇빛 삼천갑자를 흘러

길이 움푹 파이다

　빗물이 고여 있다 네가 거기 가만히 있다 얕고 투명하다 잠깐뿐이다 네가 빗물에 담겨 있는 동안 구름이 나뭇잎이 들어섰다 갔다 택시가 비켜 갔다 노랗게 흔들렸다

　너는 거꾸로 말하는구나 추악하다는 아름답다로 사랑하다는 끔찍하다로 거꾸로 서서 훌쩍이는구나 누가 네 말을 알아들을까 네가 길바닥에 엎어졌을 땐 자는 줄 알았다 자동차가 지나가고 다시는 일어나지 않는구나

　길바닥에 빗물이 고여 있다 햇빛이 났다 새 떼가 높이 날았다 새들은 웅덩이를 끌고 어디로 날아갔나 길이 움푹 파였다

그 나무 뒤

 그 짐승은 나무 뒤에서만 산다 내가 나무 뒤로 가면 그는 그 뒤편으로 간다 내가 어느 편에 서든 그 나무는 늘 뒤편을 만들고 나는 다시 뒤편으로 가고 그 짐승은 뒤편의 뒤편으로 간다

 그 짐승은 캄캄하다 그 짐승은 음흉하다 그 짐승은 난폭하다 뒤편으로 가기 위해 자동차에 올라타면 그 짐승은 시속 150킬로로도 위치를 바꾼다 내 귀는 터질 것 같다 모든 나무 뒤에서 들리는 그 짐승의 숨소리 때문에

티티카카, 티티카카, 서울

티티카카 호수가 온다네
장례식을 치르던
해안도로를 끌고
폐허의 사원 가라앉히고
안데스 산 꼭대기에 깊은 호수가
날던 물고기 고래의 화석
항구의 흔적을 끌어안고
수수만년 흐른 서울로
절벅절벅 출렁출렁
걸어온다네
커다란 별똥별이 지구를 강타하고
누군가 핵폭탄의 버튼을 눌러버린 후
어쩌면 두 개의 달이
세 개의 해가 뜬다네
빌딩의 기둥들 자작나무처럼 서고
바겐세일 거리는 뒤집혀 바다가 되겠다네
카페 노래방 골목으로
유유히 뱀장어 해파리 노닐겠다네
티티카카 티티카카 호수가 오겠다네
이 고요한 먼지 속으로
도로 위 차바퀴 저 의자들 위에
갈피갈피 각인된 기억들을

돌멩이 속으로 눕혀주겠다네
기꺼이 깊숙이
시간의 호수 밑으로
티티카카 티티카카 먼 이름 속으로

봄 소나기

 부옇고 커다란 것이 머리도 꼬리도 없는 것이 멀리서 허공을 달려온 것이 이제 막 새순을 뿜는 나무 한 채를 해치우고 달리던 전차 바퀴 소리를 덕구야 덕구야 덕구야 다급하게 덮치……

 우비를 쓰고…… 신길동 전차 종점 앞이었는데…… 느닷없는 안개가 전혀 앞뒤를 분간할 수가

 아니 어머니 왜 이러셔요 갑자기 일어나세요 정신 차리세요 정신 얘야 전화가 전화를 어떻게 구급차……

 이제 초경을 시작한 여자애가 편지를 책가방 속에 구겨 넣고 오랫동안 서서

 눈앞이 부옇게 아무것도 아무 소리도 아무런……

 목련 꽃송이가 병원 뜰 앞을 다 덮어버리도록 하얗고 커다란 개가 느닷없이 청소부의 수레를 그의 노란 모자를 조끼를 장화를 덥석 덥석

사막 편지

그러니까 나는 모래 남자와 살다 모래 아이들을 낳고 걸어 다니는 사막이 되는 거지요. 모래를 퍼먹고 있어요.

이 집 벽시계는 코끼리 그림자를 그려요. 코끼리가 쉬지 않고 타는 모래 언덕을 오르지요. 그래도 수년째 코끼리는 그 자리에서 한 발짝도 벗어나지 못해요. 시계가 멈추는 날 코끼리는 벽 속에 화석으로 잠들 테지요.

낙타의 속눈썹을 길게 한, 강물을 안고 날아간, 그런 바람이 있다고 들었어요. 수증기가 되어 바람의 품속으로 뛰어들면 강물도 끌어 올려 다시 먼 강에 떨어뜨려준다는

날마다 발이 푹푹 빠져요. 모래 아이들이 극성이고 모래를 씹는 일이 쉽지 않아요. 언제쯤 이곳을 건너게 될까요.

공룡 발자국을 보러 갔다

발자국은 바닷가 바위 위로
걸어 나갔다 움푹
파인 그것들 거기서 문득
사라졌다
떡갈나무 잎사귀의 두런거림과 길
잠시 엉켜 있다가 허공으로 겅중
뛰어올랐다

그때는 아직 내가 아니고
수천 년 진흙펄 어둠의
바퀴나 굴리고 있던 때
돌멩이 속에서 아무도 못 듣는
울음 울던 때

어제가 그제로
백 년 전은 천 년 전으로 떠내려가고
어쩌면 강물은
바다로 가지 않고 바다가 거슬러
강으로 흐르고
아니 우리집 뒷산 나무들
발갛게 불붙어 타고 있던 날
백 년이고 천 년이고 꺼지지 않아

눈 감을 적마다
먼 날을 환히 비춰주던 날

세상의 나무란 나무
다 타오르고
누군가 허공으로 몸을 날려서
절멸해버렸다
시조새들 공룡의 무리들처럼

고기 사러 갔던 길

고기를 사러 간다고 가는 길이었다
꼭 그 집 고기를 사오라 했다
교회 뒤 인공 낚시터를 지나
수성갈비라고 쓴 옆
그 집은 가보니 아니었다
한참을 더 가야 했다
황토 흙이 무너져 내리는 곳에서
아이들이 개미를 잡고 있었다
개미가 하얗게 알을 낳아놓은 곳에서
여왕개미를 찾고 있었다
한 아이가 개미 꽁무니에 혀를 대보고
진저리를 치고 있었다
고기를 사서 빨리 집에 가야 하는데
생각뿐이었다
사방이 지나치게 고요했다
거대한 폭풍이 지나간 듯
나무들이 길게 쓰러져 있었다
창문들이 소리 없이 닫히고
개천을 흐르는 물이 핏빛이었다
고기를 사러 가는 중이었다
아이들이 엎드려 있었다
입가에 피를 묻히고 아무 말도 못 하고

잠들어 있었다
신문에서 본 그들이었다
주머니에서 산열매와 벼 이삭이 나왔던
간첩이라고 했다
고기를 사러 간다고 가서는
길을 잃은 나도 거기 붙들려 있었다
깨워야 했다
밖은 비가 오고 있었다
핏빛이었다

냄새

냄새가 자신을 빠져나와
한참 동안 제 몸을 들여다보고 있다

날개도 날개 치는 소리도
보여주지 않는
냄새는 육신이 날리는 새다

딱딱한 지하를 헤치고 날아갈
어둠의 앞잡이다

고등어 한 마리를 구워 먹었는데
온 집 안에 냄새다
숙제를 하는 애들에게서
설거지를 하는 내게서 냄새가
가지 않고 머뭇거린다

냄새를 쫓으려고 창문을 열어도
냄새는 옷장 속으로 문틈으로 숨는다
냄새는 조용하다
냄새는 악착같다
펼친 날개는 끝내 보여주지 않는다

납빛 배를 번쩍이며 해협을 누비던
그러나 냄새는 결국 날아간다

저녁 불빛 밖으로
이제 막 날아가는 숯덩이 같은 게 있다
멀지 않은 곳에 검은 하늘이 있다
딱딱하게 굳은

안 돌아온 여행

차창에 얼굴 붙이고 풍경을 따라갔네
나뭇잎들 까마귀들 획획 날아다녔네
극성스럽게 집집의 열매들 다 따 먹었네
혼자 돌아가던 서커스의 접시처럼
일그러진 얼굴이 달려나갔네
저 시들어가는 표정들
다알리아 칸나 맨드라미 보았네

이상한 낯빛의 얼굴로
입 속에 무언가를 구겨 넣으며
바다를 향해 앉아 있는 떼거지들
그곳에 가 병들고 말았네
누워 바다를 덮고 싶었네
흰 이빨의 짐승들 달려들어
내 몸을 뜯어가게 내버려두었네

나를 시체라 주장하는 당신
나를 냉동실에 처넣는 그들을 보았네
회오리바람이 격렬하게 흔들어
시든 잎을 날려 보내고
전속력으로 달리며 울부짖는 말이 보였네
몸을 웅크리고 썩어가는 열매들 있었네

언 바다가 일순에 깨어지며 일어서네
달아나던 꽃들 만져야 하고
기다리는 것들 보아야 했는데
깨어나게 해달라고 비명을 지르네
소리란 소리 다 얼어붙네
벽을 긁다 새파랗게 꺾어진 손톱을 남기네

갑자기 떨어지는 해를 보았네
어두운 들판을 흘러가는 내를 보았네
가다가 문득 사라지는 길이 있었네

3부

또는 노동

밥 먹었느냐고

꽝꽝나무야
꽝꽝나무 어린 가지야
나를 엄마라고 불러줄 수 있겠니?
날 여보라고 불러줄 수 있겠니?
어린 가지야
꽝꽝나무야
나에게 물어줄 수 있겠니?
여보, 밥 먹었어?
엄마, 밥 먹었어? 라고
그럼 나 대답할 수 있겠다
꽝꽝나무야
나 밥 먹었다
국에 밥 말아서
김치하고 잘 먹었다

햇빛 속에 호랑이

나는 지금 두 손 들고 서 있는 거라
뜨거운 폭탄을 안고 있는 거라

부동자세로 두 눈 부릅뜨고 노려보고 있는 거라 빳빳한 수염 털 사이로 노랑 이그르한 빨강 아니 불타는 초록의 호랑이 눈깔을

햇빛은 광광 내리퍼붓고
아스팔트 너무나 고요한 비명 속에서

노려보고 있었던 거라, 증조할머니 비탈밭에서 호랑이를 만나, 결국 집안을 일으킨 건 여자들인 거라, 머리가 지글거리고 돌밭이 지글거리고, 호랑이 눈깔 타들어가다 못해 슬몃 뒤돌아 가버렸던 거라, 그래 전 재산이었던 엇송아지를 지켰고, 할머니 눈물 돌밭에 굴러 싹이 나고 잎이 나고

그러다가 떡 하나 주면 안 잡아먹지 하는
식의 호랑이를 만난 것이라
신호등을 아무리 노려봐도 꽉 막혀서

— 다리 한 짝 떼어놓으시지
— 팔도 한 짝 떼어놓으시지

이젠 없다 없다 없다는데도
나는 증조할머니가 아니라 해도

— 머리통 염통 콩팥 다 내놓으시지
— 내장도 마저 꺼내놓으시지

저 햇빛 사나워 햇빛 속에 우글우글
아이구 저 호랑이 새끼들

비 맞는 전문가

십여 년 동안 그가 한 일은
비 맞는 일뿐이었다
빗방울이 떨어지기 시작하면
그는 재빨리 나가야 한다
버스 정거장 가로수 아래로
머리에 코에 수염에 빗줄기가
주르륵 흐르도록 해야 한다
주머니 가득 빗물을 채우고
그를 기다렸던 버스가 텅 빈 채
다시 출발할 때까지
서서 비를 맞아야 한다
건너편 창에서
그녀의 그림자 사라질 때까지
과자처럼 바삭거리며
리모컨과 뒹구는 그녀를 위해
가로수 늘어진 가지를 흘러
머리카락 타고 떨어지는 빗방울을
셀 수 있어야 한다
담배는 주머니 안에서 죽이 돼야 한다
그녀가 원하면 언제든지
비 맞는 장면을 보여줘야 한다
죽을 때까지 지독하게 젖는 일을

불평 없이 사랑해야 한다
전근대적 추억을 고용하려고
희생적 지출을 한 그녀를 위해
그는 비 맞는 전문가니까

자고새

뿌리칠 수가 없었습니다 수마에 빠져들어
검은 구름에게 끌려갔습니다

높은 탑이 있었으나 전쟁이 났고 연기 속으로 사라진 폐허 위에 유원지라는 곳을 여행하는 중이었습니다

유원지의 안내판을 읽어가고 있었습니다
본 적 없는 새들 수천 마리가 갑자기 날아올라 검은 구름으로 뜬 후 빈터였습니다

내 아이들이 나를 알아보지 못했습니다
내가 아이들을, 큰애와 작은애가 서로를 알아볼 수 없었습니다

아니 아니 나는 perdreau⌐란 단어를 찾아 사전을 넘기는 중이었고 갑자기 수마에게 천리만리 끌려간 것인데

정처 없이 아이들을 찾아다니다가 모르는 새 한 마리 내 품에 들어와 자지러질 때까지 내 얼굴조차도 낯설고 낯설어 황급히 검은 페이지를 찢는 중이었습니다

⌐ 자고새 새끼.

3분 자동 세차장에서

　소낙비 쏟아지는 게 좋아 소낙비 속에 물레방앗간 같은 소낙비 매 맞는 움막 같은 수숫단 같은 수숫단을 비집고 들어가는 3분 자동 세차장이

　라디오를 끄고 기어를 중립에 놓고 브레이크에서 발을 떼라는 주문을 외는 거야 중립 브레이크 중립 브레이크 레이크 이크

　병든 도깨비처럼 황소 배 속↖에 세들고 싶었지
「황소님 주인님 방 한 칸 빌려주세요 애는 낳았는데 한겨울에 어디로 이사를 가란 말인가요 며칠만이라도 더」

　기습 결혼을 했었지 황소 배 속 같은 곳에서 아이를 낳고 아파트가 당첨됐으나 허물어지고 길길이 뛰고 난리 치고 아무나 붙잡고 사정했지만

「초록불이 켜지면 출발하시오」
　나가라는군 초록불이 켜지면 방을 빼라는군 빗자루와 비누 걸레는 늘 협박이지 옷 입고 샤워하다 3분 만에 밀려나는군 아무리 방망이로 땅을 쳐도 끄덕하지 않는 나라 이상한 나라

↖ 이상李箱의 동화 「황소와 도깨비」에서.

누운 시인

목화꽃 어린 꽃을 유괴하러 가자
조그만 양 새끼들
천 마리 만 마리 엎어져 있는
공중의 그 밭으로 가자
앙탈을 부리는 작은 발톱들
할퀴라고 놔두자
막 눈 비비고 일어나는 그 애들
손목을 분지르자
줄기에서 꺾어져 나온 걸
깨닫지도 못하는
샛별의 눈깔을
안개 속에 흩뿌리는 웃음소리를
품에 훔쳐 뛰자
죽어라 뛰자
품속은 절대 열어보지 말자
깨어진 그 애 얼굴 확인하지 말자
백 년이나 산 것처럼 늙은 얼굴의
시, 시시껍절의 시
실패한 유괴범이 되어 눕지는 말자

눈

눈송이 속에 집을 하나 지었는데
사라졌다
나뭇가지 위에서
한숨 쉬며 흔들리다
지붕이 날아간 거다
그 집 구석방에
책상 서랍 속에
카드에서 오려낸
새를 하나 넣어두었는데
그 집을 데리고 날아간 거다
벌써 십수 년을
손톱만 한 날개의 새가
그 집을 끌고 날아다니자니
힘들겠다
눈이 자꾸 와야 하는데

자개장롱 속으로

당초무늬를 따라가요
끝없이 이어지는 덩굴을 따라
모란 꽃나무를 돌고 돌아요
현란한 저 모란과 여기 새겨져
함께 갇히자구요
당초무늬는 또 파도가 와 부서지는
바윗가의 비현실로 달려가네요
불로초처럼 파도의 꼬부라진 혀처럼
송학에 달을 구름을 지나고 있어요
무릉은 365일 보름달이 뜨구요
당신은 늙어가구요
무릉은 멀지 않아요
환한 그곳 어디 들어설 자리
저 늙은 거북을 내쫓고 차지할까요
당신 나 일생을 다 지불하고
당초 덩굴을 그러잡자구요
다시는 돌아오지 말자구요
복숭아 세 알은 손잡이 위에서
익을 대로 익어 기다리네요
학은 날개를 펼친 채
하늘을 지그시 밟고
만날 천날 그러고 있어도

죽지가 아프지도 않고
사슴은 목을 빼 향기만 취해도
백 년을 산다네요
무릉으로 가는 문인데
썩어 문드러질 리 있겠어요
당초무늬처럼 길게 손 뻗어
열자구요
세상에 없는
끔찍하게 아름다운 무릉도원이
장롱 문짝 위에 대칭으로 펼쳐지고 있어요

자전거가 있었다

자전거가 있었다 날아가고 있었다 전봇대를 지났다 언덕을 넘었다 여자애가 있었다 툇마루 아래 마당이 있었다 조그만 화단가에 채송화로 앉았다

여자애가 있었다 밥그릇에 숟가락을 꽂아놓고 화석처럼 앉았다 물 대접이 흔들렸다 물무늬가 흔들렸다 하나둘 동그라미가 흔들리다 사라졌다

채송화 속에 할머니가 앉아 있다 누구세요? 열여섯의 너란다 다들 어디 갔어요 죽었단다 왜 또 피었어요? 촛대를 닦아야 불을 매달지

자전거가 있었다 여자의 머리 위에 액자 속에 초록 들판 위에 투명한 하늘 아래 병원 지하 식당 얼룩진 벽 위에서 채송화까지 죽어라고 달렸다

채송화 꽃술 속에 여자애가 있었다 어딘가로 사라졌던 할머니가 있었다 마지막 숨의 산을 넘고 있었다 할머니를 버린 남자애가 있었다 지우려고 쓱쓱쓱 마당 쓸고 있었다

자전거 바퀴가 허공을 쓸어가고 있었다 쓸고 쓸어야 채송화가 있었다 그 뒤에 그 뒤에 먼 날의 여자애가 있었다 열여섯 할

머니가 있었다

무쏘 앞에 흩어진 사과 장수

당신 눈 속에
거기 작은 사과 속에
비쳤던 것
붉고 푸른 얼룩
구름과 햇빛이 지나간 흔적
거기 펄럭이던 것
흔들리며 지나간 것
무엇이 있었나 말해봐
노을에 불타는 유리창
구겨져 짠내 나는 지폐
새로 산 빨간 희망
엉덩이를 흔들며 뒤뚱거린 것
울면서 다가서는 어린것
무엇이 또 사라졌나 말해봐
수레 위에 갓 익은 사과알
그 신향기 막 떠오를 때
함께 피어오르던 것
어어 하는 순간에 흩어진 것
말해봐
거리의 새들이 당신의 깊은 잠을 끌고
허공을 한 바퀴 도는 중인데
무쏘가 멈춰 서서 당신의 깊은

캄캄한 바닥을 들여다보고 있는데
열린 채 멈춰버린 검은 사과 위로
조용히 스쳐 지나간 것
급히도 사라져버린 것

말

말이 있다 길을 잃은 말이
   너풀치마 같은 말이 있다

길길이 뛰는 말이 있다
   우박 같은 주먹을 휘두르는 말이 있다
      미친 보리밭의 초록빛 눈을 하고
뛰는 말이 있다

말이 달린다
     거리는 뒤집히고
       뒤집힌 채 흘러간다

말은 자란다
   크게 자란 말은 힘이 세고
      제힘이 무서워 우는 말이 있다 뜨거운 눈물방울
을 털 속으로 흘리는 말이 있다

말이 있다
   수치의 구덩이, 입 속에 갇힌 말이 있다
      입이 열리기를 기다리나 기다려도 올 수 없는 이
미 가버린 말 때문에

장식으로 날개를 단 말도 있다
　　날개를 달고도 날지 못하는 말이

허공에 굳은 채

　울고 있어서 나는 낙엽 같은 내 입을 비벼 끄고 수치의 구덩이 속에 숨어야 했다

ㄴ 뜨거운 눈물방울을 털 속으로 흘리는: 어디선가 읽은 기억은 있으나 출전을 확인하지 못하였음.

쥐똥나무는 쥐똥나무 열매를 매단다

쥐똥나무 울타리 느슨해지자
갑자기
쥐똥나무는 쥐똥나무 열매를 매단다
쥐똥나무 까만 열매 속에
갇혀 있다
쥐똥나무 군시렁대는 발치로
급히 달아나는 것
쥐똥나무 눈동자 하나인지도 모른다
문틈으로 새는 울음소리
길게 신발 끄는 소리
밤마다 울타리
아래서 끌어안고
신음하는 소리
비틀거리며 다가와 토해놓는 소리
이 모든 걸 쥐똥나무
단단한 열매로만 듣는 수밖에 없다
쥐똥나무는 자신이
어디서 왔는지 알지 못한다
쥐똥나무 무작정 기다린다
온몸을 움츠리고
뛰려고 한다
이 더러운 대기의 응축으로

쥐똥나무는 쥐똥 같은 까만 열매를
매달라고 강요당한다
쥐똥나무는 갈 수가 없다
거기 눈앞의 것들에 사로잡혀서
쥐똥나무적인 기억으로
쥐똥나무적인 고통으로
쥐똥나무 열매를 매달 뿐이다

4부

사랑

돌멩이가 나를 쥐고

나뭇가지 한 가지를 기다리고 있었다
열 가지 백 가지가 뻗어가는 길을
쳐다보고 있었다
그중 한 가지쯤은 따라갈 것도 같았다

돌멩이 하나를 손에 쥐고 있었다
얼마나 견고한 어둠인지
그는 다른 세상에서 다른 말을 하므로
돌멩이가 나를 쥐고 있는 줄도 모르고
길이 길인 줄도 모르고 가고 있었다

끈

　물통의 물을 항아리에 붓고 있었다 물통의 물이 항아리로 쏟아져 들어가고 있었다 물통의 물이 한없이

　커다란 불의 혀가 창을 훑고 있었다 순식간에 불길에 휩싸이고 있었다 물통을 든 채 어떻게 빠져나갈 수가

　그러나 다행이었다 베개에 머리를 올려놓은 채였다 밤의 긴 터널 속을 한없이

　물통의 물이 항아리로 속으로 들어가고 있었다 어떻게 불지옥 속을 빠져나갈지 깜깜했는데 사람들이 달아나고 빨갛게 달궈진 기왓장이 하늘 높이 치솟고

　달아나고 있었다 빈 버스가 펄쩍 뛰었다 의자가 펄쩍 뛰었다 주머니 속의 성냥갑이 펄쩍 뛰었다 어떻게 그 속을 빠져나갈지 전혀

　그러나 다행이었다 약국의 불빛이 내다보이고 있었다 <약> <약> <약> <약> <약> 너무나 오랫동안 건너편 화평약국이 불을 켜고 한없이

　갇혀 있었다 웅크리고 있었다 조그만 성냥갑 속에서 거대

한 불의 혀를 꺼낸 것이 바로 너가 아니냐고 사람들이 검푸른 연기가 깜깜한 구름 기둥이

   성냥갑 속에서 꼼짝할 수가, 지하 깊은 곳 엉킨 케이블, 수세미 머리를 하고 갇혀 한없이 물통의 물이 항아리 속으로 어떻게 헤어날 수

   그러나 다행이었다 창문이 캄캄했고 아직 새벽은 멀고 모두가 잠들어 고요한 숨소리, 소리가, 사방 벽이 빨갛게 무너져 닥쳐오는데 물통의 물을, 한번 놓치고 말면 모든 것이 무너질, 끈을 간신히 간신히

유리 닦는 남자

그는 거기서 잘 있다
그는 거기서 담배도 한 대 피우고

시간이 금세
백탄나무 잎새처럼 지는 걸 본다

종일 유리창엔 굵은 밧줄이 흔들거리고
비누 거품 검은 물 흘러내리고
24층 유리 벽 밧줄에 묶여 물줄기를 쏴댄다

약대를 타고 바늘구멍에 들거나
모래사막을 건너 청어를 타고
하늘을 날아야 했다

깎아지른 벼랑을 기어올랐다
빌딩 숲 계곡으로부터
바람이 치켜불기 시작할 때
훌쩍 날아가보려고

오래도 걸었다
개미 한 마리 얼씬하지 않는
시간이 정지된 벼랑 끝

칼날을 딛고

햇빛이 눈부시게 유리 벽을 때리고
고개가 꺾어지게 쳐다보던 사람들이
아 눈부셔
잠시 눈을 비빈 사이
정말 그가 보이지 않았다

꽃 핀 복숭나무에게

당신의 앞마당에 붉은 꽃 헝클어뜨리고 복숭나무 한 그루 서 있습니다

뜻도 모르고 책장을 넘기는 아이처럼 복숭나무 그 난해하나 아름다운 한 그루 책 앞에 머뭇거립니다

사실 나 머리 빗고 꽃 핀 복숭나무에게 시집가고 싶으면서 딴청을 부리는 것입니다

느리고 느리게 날아와 꽂히는 화살처럼 복숭나무 나에게 서서히 스미기를 바라면서 마음은 그렇게 간절하면서

복숭나무에게 시집가고 싶다는 말 숨기고 고집스레 복숭나무를 읽겠다고만 호기를 부리는 꼴입니다

당신을 향해 뻗은 찬란한 가지를 바라보고 바라보다 꿈에 듭니다

「나도 이제 꽃 핀 한 그루 복숭나무야」
착각하고 소리치다 깨어난 저녁입니다

남극노인에게 바치던 볼 붉은 아기 얼굴 같은 그런 복숭아

를 그립니다

 단물이 뚝뚝 떨어지는 하늘복숭아를 낳아 가지에 매달게 된다면 나도

 오랜 목마름 잊고 하늘복숭아 하나를 바치리라 바치리라는 생각으로 말입니다

↳ 南極老人: 장승업의 그림. 신령으로 보이는 한 노인에게 어린 소년이 자기 머리통만 한 붉은 복숭아를 두 손으로 바치는 그림으로 성북동 간송 미술관에서 본 적이 있음.

그 모자

바람을 향해 달리면
목을 휘감고 아우성치던
하루가 있었다
모자를 갖고 싶었,
말도 못했다 바람이 모자 밑을
흘러 뒤로 달아나게 달려야 했다
모자를 사달라고 며칠을,
울어야 아무도 모자를 사주지 않,
모자 같은 건 아무려면 어떠냐는 식,
이었다 내가 세상에서 원하는
것은 모자뿐인데
왜 내게 모자를 사주지 않,
왜 영 모자 올려놓는 것을 금지했,
이제 그들이 모자를 사주겠다고
세상 모자를 다 끌어다 놓고
그러나 이제 와서 모자를 쓰지는 못해
모자란 어떻게 머리에 올려놓,
아야, 모자를 쓰면 어떻게
걸어야 어떻게 앉아야 하나,
모자 밑을
흘러갔을 바람들 어디 가서 다
불러 모으나

지금 모자를 쓰고 걷는 자들
머리에 썩,
어울리게 모자를 얹어놓은 자들
어떻게 그렇게 되었을까 모자를
쓸 일은 두려움
모자를 쓰면 울 것 같,
허구한 날 그 모자들

수박에게

나를 데려가라
초록의 얼룩말
달려라
여름날의 가로수
어른거리는 햇살 무늬가
얼굴 위에 가슴 위에
닥쳐와 쓰러진다
뜨거운 해를 품은 벙어리
야생마
두둥실 떠올라라
울부짖어라
거리는 우리 뒤로 가 넘어지고
길은 조용히 엎드려 있다
날아라 수런대는 잎사귀
초록의 갈기를 휘날려라
이 작열하는 한낮의
칼을 잡아라

보여다오
열망의 나라를
낭자한 캄캄함을

없는 나무

그 나무의 이름은 깜깜하다
나무 속에서 타던 해만
잠깐 보았다
번개처럼 스쳐갔다
백탄나무 천상나무 허공나무
없다
그들 속에 그 이름 없다

태양이 죽죽 떠오른 다음
만상이 흘러간 다음
왔다
구름을 건너 건너 왔다

잠의 지하도를 막 빠져나와
머리 위에
물보라를 뿜은 다음
잠깐
서 있었다

그 나무
언젠가
손끝에서 타던 별이었으나

목젖에서 끓던 맹수였으나
내 몸의 가뭄 끝에 날려 보낸 새였으나

풍선 장수가 있던 사거리

누군가 날 내려놓고 가버렸어 계단을 내려간 구두, 색소폰 소리를 들은 귀, 그 소리를 따라갔다가 냄비를 씻고 아이를 낳고

온몸에 열꽃을 피우고 누워 있었어 창문에는 별들이 얼어붙었고 나의 달은 망아지에게 둥근 잎을 뜯어 먹였어

그리고는 구두를, 귀를 잃어버렸어 색색의 풍선들 발버둥치며 풍선 다발을 묶은 자전거까지 데리고 하늘로 오르는데

아버지가 머리맡에 카스테라 하나를 놔주고 손을 흔들었어 창문의 아카시아나무도 이파리 하나 없이 이제 막 떠나려 했어

거기 아이를 세워두고 잠시 가게에서 물건을 사고 돌아섰는데 아이 풍선 장수 온데간데없어

식구들 다 흩어지고 그 집은 잠시 기절했어 나는 달을 따라서 지붕 위로 시장 거리로 떠다니고

사거리를 지나고 또 사거리를 지났어 채색한 구름처럼 풍선은 둥실 떴는데 알 수 없었어 거기가 어디인지

그 집 기둥은 비스듬히 기울고 손바닥만 한 마당엔 하얀 빨래가 미친 듯이 펄럭였어 온 힘을 다해 진정시켜야 했어 혼절한 지붕도

금새를 잡은 벼룩의 행복한 손ᵔ

그가 대지라면 그녀는 나무
분수처럼 박차 올라 사과를 매단다
그가 분수라면 그녀는 새
한 줄기 끌고 공중을 난다
그가 지나치는 날벼락이라면
그가 넘어지는 풀 줄기라면
그녀, 벼룩
뛴다 뛴다
그가 달리는 바퀴라면
그가 할퀸 자국이라면
그가 순간이라면
그녀
순간을 잡은
새를 잡은 벼룩의 손

웬수야
벼룩의 간도 내어 먹을 테냐?

ᵔ 호안 미로의 작품 제목에서 인용.

돌멩이 어떻게 새가 됐을까

내 돌멩이는
커서 새가 될 것이었습니다
밤마다 품어주었습니다
황사 바람이 불었고
하늘 골짝에서 내려온 것이었습니다

돌멩이 따뜻하구나
돌멩이 착하구나
돌멩이 잘도 자는구나

달래고 달래어 재웠습니다
내 돌멩이 깨어나면
날아갈 것이었습니다

그의 눈이 보고 싶습니다
그와 눈 맞추고 싶습니다

천사

간절히 총을 사고 싶은 적이 있었다
어찌어찌 그 생각을 잊었는지 모른다
총을 사러 부산엘 가겠다고
돈을 꾸고 배를 사서 사막으로 뜨겠다고

한때 천사였던
한때 덤불찔레였고 한때 폭약이었던
그가 어떻게 사라져버렸는지 모른다

지금 내 마음속에 없고
돌 속에도 폭풍 속에도
물웅덩이 속에도 없다

그는 그가 사라진 줄을 모른다
바보처럼 한때 천사였던 것도 모른다
너무나 깊숙이 사라졌기에
버려진 폐광의 내 속을 캐고 캐도
그는 이제 없다

나 혼자 라이터를 들이대는 웅덩이
떨면서 비추고 다시 일그러뜨린다

그를 비춰 볼 웅덩이
그를 파낼 유일한 광부인
나조차 사라지면
그는 아예 없었던 게 된다
그가 잠시 찬란한 천사였던 걸
증거할 자도
세상천지도

해설

어른거리는 이미지, 주체의 자맥질

이수명

 최정례 시인의 두 번째 시집이다. 대개 두 번째 시집에서 시인의 스타일이 확립된다고 하면 너무 고전적인 담론일까. 첫 시집의 불균등한 (그래서 빛나는) 광채들이 비로소 방향을 취하고 윤곽을 지니기 시작한다고 하면 그럴 듯한 연대기적인 접근일까.

 첫 시집이 나온 지 4년 만에 나온 두 번째 시집, 20년이 지나 아침달에서 새로 출간되는 시인의 역작을 찬찬히 들여다본다. 그리고 첫 시집에서 두 번째 시집으로 또렷하게 이어지는, 두 번째 시집에서 보다 확연히 드러나는 시인의 독특한 시선을 만나게 된다. 그것은 지금 눈앞에 보고 있는 것은 무엇인가, 라는 문제이다. 시인 최정례는 무엇을 보는가.

 시가 그리는 시공, 대상, 상황은 주지하다시피 언어로 편집된 그림에 불과하다. 가공된 이 그림을 우리는 이미지라 부른다. 그림은 논리나 공식에 의한 것이 아니고 상황의 주관적 접수와 표현의 산물이지만 시인의 자아가, 또는 퍼소나를 쓰고 있는 화자가 감각하거나 인지한 것이 외부로 드러난 것이기에 무엇인지 알아볼 수 있는 형태를 띤다. 다시 말하면 시를 통해 우리는 세계의 추상적이고 불확실한 것들이 구체적 모습으로 나타나는 것을 경험하는 것이다. 세계뿐이 아니다. 인간, 삶, 시간, 공간, 이러한 것들이 막연한 것에서 형상을 가진 세계로 탈바꿈된다. 시인이 그리는 이미지는 우리의 눈이 분간할 수 있는 것들로 되어 있는 것이다. 이를 비가시적인 것의 가시성으로의 이행이라 할 수 있을 듯하다. 물론 가시성이 확실한 의미나 메시지를 뜻하는 것은 아니다. 대부분의 시는 의미의 확실성과는 무관하기 때문이다. 여기서 말하는 가시성은 보이도록 그려진다는 의미이다.

최정례의 시에서 우리가 느끼는 당혹감은 이러한 가시성이 불충분해서가 아니다. 가시성이 어딘지 익숙하지 않은 불편한 것이기 때문이다. 시간과 공간의 문맥이 돌연 흐트러지고 예상치 않게 튀어나오는 그의 이미지들은 이상하게 느껴진다. 두드러지게 낯선 이미지들의 출처가 사뭇 궁금해지는 이유이다. 이를 대략 두 가지 정도로 살펴볼 수 있을 것 같다. 우선 그의 이미지의 독특함은 장면의 확실성이라기보다는 그 반대로 휘발성에서 비롯되는 듯 보인다. 그의 시에서는 감각과 생각이 계속 흔들리고 이미지 역시 불안하게 존재하기 때문이다. 불안하게 존재한다는 것은 쉽게 사라져버리는 휘발성을 띤다는 것을 의미한다.

    그 나무의 이름은 깜깜하다
    나무 속에서 타던 해만

잠깐 보았다
번개처럼 스쳐갔다
백탄나무 천상나무 허공나무
없다
그들 속에 그 이름 없다

태양이 죽죽 떠오른 다음
만상이 흘러간 다음
왔다
구름을 건너 건너 왔다

잠의 지하도를 막 빠져나와
머리 위에
물보라를 뿜은 다음
잠깐
서 있었다

그 나무
언젠가

손끝에서 타던 별이었으나
목젖에서 끓던 맹수였으나
내 몸의 가뭄 끝에 날려 보낸 새였으나

- 「없는 나무」 전문

  시에서 시인이 그리는 것은 "없는 나무"이다. 존재하지 않는 나무이고 나무의 이름도 알 수 없다("깜깜하다"). "나무 속에서 타던 해만/잠깐 보았"으며 "번개처럼 스쳐갔다." 이렇게 없거나 일순 사라져버리는 "없는 나무" 같은 것을 그리는 것이 최정례의 주요한 특장이다. 나타났지만 사라지고, 사라지면서 나타나는 것들 말이다. 그는 이미지를 건축하는 것이 아니라 이와 같이 비스듬하게 불안하게 스치듯 묘사한다. 이미지는 언뜻 어른거린다. "그 나무"는 무엇인가. 그것은 "손끝에서 타던 별"이었다가, "목젖에서 끓던 맹수"였다가, "내 몸의 가뭄 끝에 날려 보낸 새"였다. 나무는 어디에도 멈추지 않고 계속 이동하며 변한다. 별, 맹수, 새를 지나 또 이러저러한 순간들을 지나 나무는 휘발한다. 그리하여 "백탄나무 천상나무 허공나무"라 불러대는 그 어떠한 나무 속에도 없다.

이미지가 세워지는 것이 아니라 어른거린다는 것은 어떻게 가능한 일인가. 얼핏 잘 떠오르지 않으며 아무리 생각해도 쉽지 않은 일이다. 어른거리는 이미지라는 것이 착지한 이미지보다 필시 더 시각적으로 강렬할 텐데, 아마 의미의 구속으로부터 자유롭고, 관성과 패턴에서 멀어져 있기 때문일 것이다. 그것은 거의 본능에 가까운 이미지의 생물성 같은 것이 아닐까. 생물적 이미지는 고정되기보다 스스로 움직이고 사라지는 듯 보인다. 그래서 순간의 이미지가 된다. 하지만 순간성 때문에 이미지는 스스로를 더 많은 가능성으로 개방하기도 한다. 여기서 그의 이미지의 두 번째 출처로 들어서게 된다. 흔들리는 이미지들 틈새로 예측하지 못하는 돌발적인 장면들이 불쑥불쑥 들어서는 것이다. 이를 장면의 선재성, 형상의 우선성이라 할 수 있지 않을까. 시인이 떠올리기 전에 형상들이 먼저 나타난다. 생각이나 상상의 회로에서 생산된 것이 아닌, 그 너머에서 독립적으로 출현한 것들이다. 생각이 제시하지도 추인하지도 못하는 이 선재적 장면들은 특별히 강렬하다. 시가 진행되는 내내 이 장면들은 대체 어디서 왔는지 알 수 없이 펼쳐진다.

한참을 걷다가 집 한 채를 만났습니다. 울타리 가득 붉은 꽃을 피우고 있었습니다 불타는 거 같앴습니다 울타리 너머로 두 남자가 보였습니다 하나는 아이고 하나는 기억나지 않습니다 장독대 옆에도 칸난가 다알리아가 붉은 꽃대를 세우고 있었습니다 꽃을 좀 줄 수 있냐고 했습니다 안 된다 했습니다 두말 않고 돌아서 걸었습니다 갑자기 바람이 한 줄 불더니 나뭇잎들 쏟아지고 벌판이 삽시간에 잿빛으로 변했습니다 오래 걸었습니다 아이가 달려오며 부르는 소리 들은 것도 같습니다 꽃을 내미는 것도 같았습니다 받지 않았습니다 왜 그랬는지 모릅니다 뒤돌아 안 보려고 안간힘을 썼습니다 돌아본 듯도 합니다 그 집은 온데간데없었습니다 아니 착각인지도 모릅니다 돌아보지 않았습니다 오래전의 꿈입니다 무슨 뜻일까 무슨 뜻일까 수년을 생각했습니다 어디 먼 다른 생의 알 수 없는 끝 장면이 내 몸에 찍혀버린 건 아닐까 하는 생각도 들었습니다 그 후로 길은 길이란 길은 다 멀고 캄캄했습니다

― 「끝 장면」 전문

신비하게만 보이는 이 시의 이미지들은 근원을 알 수 없는 곳으로부터 사뭇 밀려와 화자를 떠밀고 다닌다. 처음부터 갑자

기 불쑥 집 한 채가 나타난다. 그리고 이어지는 장면들은 어느 것 하나 납득할 수 없는 것이다. 집 울타리에 피어 있는 붉은 꽃들, 알지 못하는 두 남자, 꽃을 달라는 터무니없는 이야기, 잿빛으로 변하는 들판, 뒤를 돌아보았는지, 돌아보지 않았는지 알 수 없는 기억, 달려오는 아이, 사라진 집 같은 것들이 모두 난데없는 장면들이다. 그 무엇도 화자가 이해하거나 맥락을 파악할 수 없는 것들이다. 어떤 생각을 할 수도, 깨달음을 얻을 수도, 의미 부여를 할 수도 없다. 시의 뒷부분에서 화자는 "착각인지도 모릅니다" "꿈입니다" "무슨 뜻일까 수년을 생각했습니다"라는 진술을 한다. 이 경험이 무엇인지 모른다는 것이다. 경험이라기보다 알 수 없는 것들이 밀려오는 회오리에 가깝다. 그냥 맞닥뜨리는 수밖에 없어 보인다. 장면들이 화자의 상태와 무관하게, 화자보다 먼저 존재하는 듯 보이는 까닭이다. 그것들은 삽시간에 밀려왔다 밀려가는 것이고 그 한복판에 어리둥절한 주체가 놓인다.

「끝 장면」과 같이 주체 이전에 이미지의 선재성이 나타나는 계열의 시들이 시집에는 많이 수록되어 있다. 「나뭇잎에서 나뭇잎으로」 「지락와도」 「능소화가 있는 마을」 「마당을 덮어가는 그림자」 「공룡 발자국을 보러 갔다」 「자고새」 등

등 많은 시에서 꿈인지, 상상인지, 망상이나 착각인지, 신화인지 알 수 없는 환상적인 장면들이 쏟아진다. 시간과 공간이 뒤섞여 휘어지고, 서로 다른 차원에서 온 인물들이 부유하듯 만나고 헤어지며, 상황은 적절하기보다 논리가 탈골된 순간들로 난입한다. "내가 알던 얼굴들 다 사라지고 몸을 잃은 내가 반딧불보다 작아져서 허공을 흘러다녀" "두꺼운 허공 뒤로 빠져들고 있었다 일 분 동안에 십수 년이 흘러가고 있었다" "그때는 아직 내가 아니고/수천 년 진흙펄 어둠의/바퀴나 굴리고 있던 때/돌멩이 속에서 아무도 못 듣는/울음 울던 때" "내 아이들이 나를 알아보지 못했습니다/내가 아이들을, 큰애와 작은애가 서로를 알아볼 수 없었습니다"와 같은 구절들이 시집을 뒤덮고 있다. 화자는 난무하는 이 알 수 없는 장면들에 영문 모르고 불려 나온 것처럼 보인다. 심연 같기만 한데, 하지만 전면화된 심연의 이유와 심도를 예측하지 못하는 주체의 자맥질은 멈출 줄 모른다. 매 순간 어디로 빠져들지 알지 못하고 떠돌면서, 이 난폭하고 당황스러운 전개에 속수무책일 뿐이다.

주체보다 먼저 당도해 주체를 둘러싸고 포진하는 이미지, 하지만 일관된 상을 그리는 것이 아니라 잡을 수 없이 어른거리는 최정례 시의 이미지를 읽는 일은 20년 전이나 지금이나 녹

록지 않다. 그의 시 안에서 길을 잃기는 매우 쉬운 일이다. 우리는 우리가 보고 있는 것이 어디서 어떻게 왔는지 모른다. 따라서 우리도 어디에 있는지 비로소 모르게 된다. 우리가 여기에 있다는 것은 그 모름의 답이 아니며 모름의 시작에 불과하다. 맥락을 잃고 지금 우리의 눈앞에 놓여 있는 것들처럼, 그의 시는 우리도 처소 없이 순간적으로 편재할 뿐임을 시사한다. 그 기이함이, 시간이 지난 지금도 쉽게 풀릴 것이라고는 생각하지 않는다.

  사유 밖에서 오는 시들, 경험과 통찰의 결과라기보다 삶의 균형을 지탱하는 경계들이 와해된 현장을 뚫고 나오는 최정례의 시들은 시란 무엇인지 다시금 돌아보게 만든다. 그의 시에서 감지할 수 있듯, 통상적인 기대와 달리 시는 생각의 누수 현상에 닿아 있다. 생각이 새어버린 자리의 불균형한 작동이랄까. 그 작동의 메커니즘을 밝히는 것은 가능하지 않아 보인다. 시인의 관심사도 아니다. 단지 그는 시를 쓰면서, 일련 번호가 매겨져 있는 듯한 생각의 페이지들을 가볍게 찢었는지도 모른다. 그리하여 시란 존재와 부재의 전후가 구별 없이 혼효되는 자리로 들어서는 것임을 이보다 더 넓게 보여줄 수 있을까. 시집의 어느 면을 펼쳐도 그의 이미지들은 기다렸다는 듯이, 출처가 없는 공중에서 본격적으로 투하를 시작한다.

아침달 시집 12

햇빛 속에 호랑이

1판 1쇄 펴냄 2019년 11월 7일
1판 2쇄 펴냄 2024년 12월 1일

지은이 최정례
큐레이터 김소연, 김언, 유계영
편집 송승언, 서윤후, 정채영, 이기리
디자인 한유미, 정유경

펴낸곳 아침달
펴낸이 손문경
출판등록 제2013-000289호
주소 04029 서울시 마포구 양화로7길 83, 5층
전화 02-3446-5238
팩스 02-3446-5208
전자우편 achimdalbooks@gmail.com

© 최정례, 2019
값 12,000원
ISBN 979-11-89467-15-9 03800

이 도서의 판권은 지은이와 출판사 아침달에게 있습니다.
양측의 서면 동의 없이 책 내용의 전부 혹은 일부의 재사용을 금합니다.

이 도서의 국립중앙도서관 출판예정도서목록(CIP)은
서지정보유통지원시스템 홈페이지(http://seoji.nl.go.kr)와
국가자료종합목록 구축시스템(http://kolis-net.nl.go.kr)에서 이용하실 수 있습니다.
(CIP제어번호 : CIP2019042493)

아침달